ÉTUDE

SUR

LE QUANG-SI

Par le Capitaine JAQUET

DE L'ARTILLERIE COLONIALE

(Extrait de la *Revue des Troupes coloniales.*)

PARIS
HENRI CHARLES-LAVAUZELLE
Éditeur militaire
10, Rue Danton, Boulevard Saint-Germain, 118

(MÊME MAISON A LIMOGES)

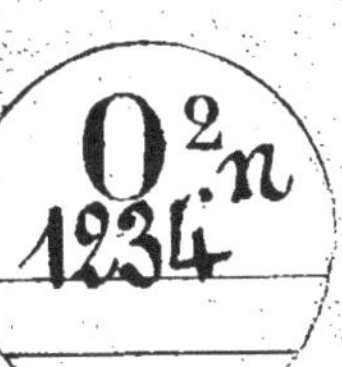

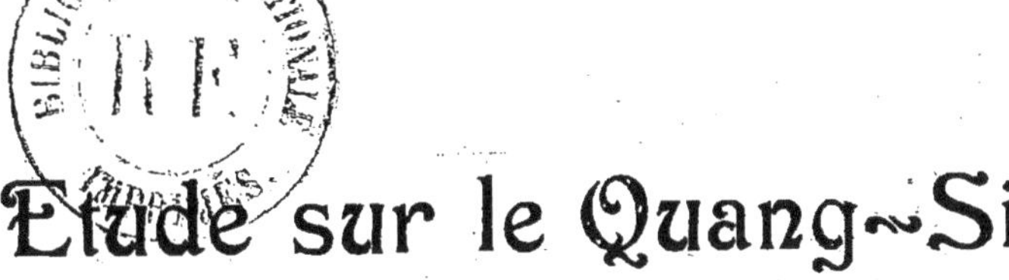

Étude sur le Quang-Si

ÉTUDE

SUR

LE QUANG-SI

Par le Capitaine JAQUET

DE L'ARTILLERIE COLONIALE

(Extrait de la *Revue des Troupes coloniales.*)

PARIS

HENRI CHARLES-LAVAUZELLE

Éditeur militaire

10, Rue Danton, Boulevard Saint-Germain, 118

(MÊME MAISON A LIMOGES)

Etude sur le Quang-Si

Depuis le commencement de l'année 1903, et plus particulièrement vers la fin de cette même année, l'opinion publique, en France, s'est beaucoup préoccupée de la question du Maroc. Bien que la conquête et la pacification de l'Algérie remontent à plus d'un demi-siècle, et que le Maroc soit intimement lié par sa situation géographique à notre grande colonie méditerranéenne, les spécialistes seuls, récemment encore, s'occupaient du Maghreb occidental. La question n'était pas à l'ordre du jour. Qu'a-t-il fallu pour attirer sur elle l'attention du public, en général? Simplement des troubles plus accentués qu'à l'ordinaire sur la frontière algérienne, une révolution dynastique et l'immixtion des puissances dans le règlement probable des questions soulevées par cette révolution.

Le souci que l'on paraît prendre en France de nos intérêts du Maroc est justifié : la proximité de ce pays avec l'Algérie, comme avec la métropole, explique cet empressement, alors que des circonstances nouvelles laissent prévoir des complications. En revanche, on semble moins se préoccuper de l'hinterland de nos possessions plus lointaines. Cependant, certaines d'entre elles mériteraient d'attirer l'attention. Ainsi, notre colonie indo-chinoise marche, sinon de pair avec l'Algérie, du moins immédiatement après celle-ci. Or, les pays qui l'environnent présentent avec le Maroc des analogies géographiques, politiques, économiques et militaires qu'il est facile de mettre en lumière. Dans une précédente étude (1), nous avons cherché à montrer quels étaient les intérêts de la France au Yunnan. Nous voudrions aujourd'hui développer l'état de notre situation vis-à-vis de deux autres provinces de la Chine méridionale, le Quang-Si et le Quang-Toung, et rechercher quel peut être leur avenir. Le Quang-Si nous occupera seul dans cette étude, réservant le Quang-Toung pour une étude ultérieure.

Le Quang-Si, disons-nous, présente de grandes analogies avec le Maroc, à tous points de vue. Il est aisé de s'en rendre compte.

Par le fait même que le Quang-Si confine au Tonkin sur une frontière de plus de 400 kilomètres, son développement économique est intimement lié à celui de notre colonie. En Afrique, là où la théorie de « l'hinterland » a présidé partout au partage du continent, une telle frontière aurait suffi pour affirmer, sans conteste, nos droits géographiques. En Chine, la théorie de « l'hinterland » n'a pas cours. La vitalité et la puissance séculaire de l'Empire du Milieu ne permettent pas une aussi simple conception du droit revendiqué par la race blanche d'imposer partout sa civilisation. Lorsque, de 1896 à 1900, les puissances européennes tentèrent un commencement de démembrement de la Chine, elles durent, pour réussir, inventer la politique des acquisitions territoriales et des « sphères d'influence ». Cette politique amena les résultats que l'on sait et les puissances l'abandonnèrent bientôt pour celle de la

(1) Voir *Revue des Troupes coloniales* n° 19, janvier 1904.

« porte ouverte ». Cette dernière permet mieux, en effet, le développement de la guerre économique que les nations se font sans relâche, à défaut de guerres militaires ou navales.

Dans cette curée qui précéda le soulèvement des Boxers, la France resta modeste et ne se tailla pas la part du lion, comme sa situation en Extrême-Orient le lui eût permis. Elle se contenta de la cession à bail de Quang-Tchéou-Wan et de quelques avantages économiques, comme l'autorisation de prolonger, dans le Quang-Si, par Nan-Ning-Fou et Pé-Sé, son chemin de fer indo-chinois (1895-1896), et le droit de construire la voie ferrée du Yunnan (12 juin 1897 - 10 avril 1898). En outre, à cette dernière date, la Chine s'engageait formellement envers nous à ne jamais aliéner à une tierce puissance Haïnan, les deux Quang et le Yunnan.

Ainsi, au Quang-Si, nos droits géographiques sont peut-être un peu moins incontestables qu'au Maroc, puisque la priorité de l'hinterland n'est pas de mode en Chine. Par contre, nos droits politiques sont mieux affermis qu'au Maroc : des traités les sanctionnent. Ils devraient être incontestables. Nous allons voir qu'ils ne sont pas incontestés.

L'examen des faits survenus au cours des dernières années, au cours de l'année 1903 en particulier, est, en effet, instructif et complète le parallèle à établir entre le Maroc et le Quang-Si.

La situation dans cette province chinoise est des plus troublées, personne ne l'ignore. Depuis 1901, la piraterie y a repris une acuité très grande et l'administration mandarinale peu active dans son ensemble, parvient là encore moins qu'ailleurs, à faire cesser un état voisin de l'anarchie. On ne saurait affirmer qu'il s'agisse d'un mouvement anti-dynastique, ni d'un soulèvement. De telles révolutions supposent un chef et une idée. Or, au

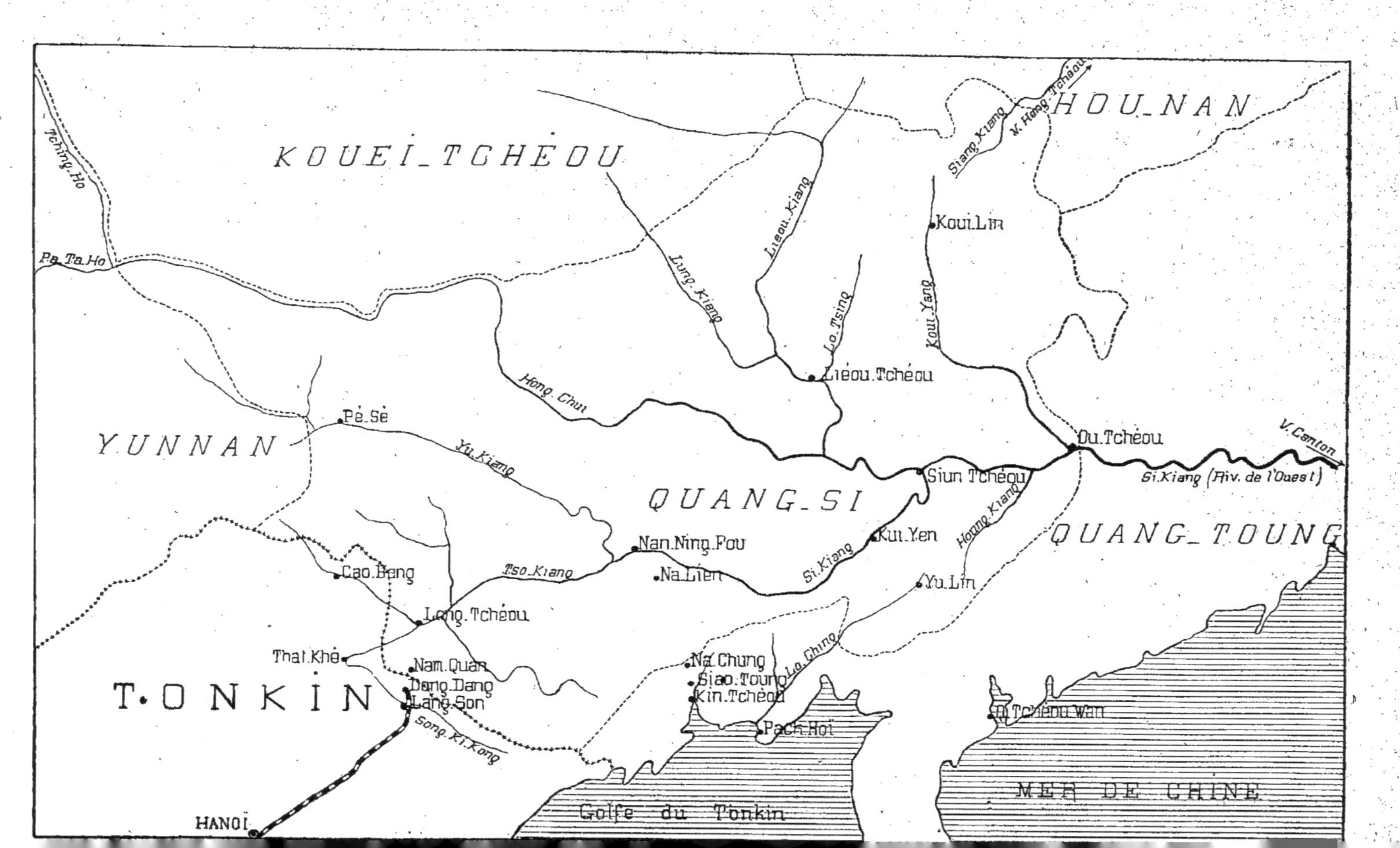
HOU_NAN
KOUEI_TCHEOU
YUNNAN
QUANG_SI
QUANG_TOUNG
TONKIN
MER DE CHINE
Golfe du Tonkin
Tching Ho
Pa Ta Ho
Pé Sé
Yu Kiang
Hong Chui
Lung Kiang
Lieou Kiang
Lo Tsing
Lieou Tchéou
Koui Lin
Koui Yang
Siang Kiang
V. Heng Tchéou
Ou Tchéou
V. Canton
Si Kiang (Riv. de l'Ouest)
Siun Tchéou
Houng Kiang
Kui Yen
Si Kiang
Yu Lin
Nan Ning Fou
Na Lien
Tso Kiang
Cao Bang
Long Tchéou
That Khé
Nam Quan
Dang Dang
Lang Son
Song Ki Kong
Hanoï
Na Chung
Siao Toung
Kin Tchéou
Lo Ching
Pack Hoï
Ou Tchéou Wan

Quang-Si, les bandes pirates opèrent isolément, chacune pour son compte; elles volent, pillent, et, au besoin, assassinent pour vivre; mais, dans leur ensemble, elles ressemblent plus à des associations de brigands de grands chemins qu'à une force révolutionnaire. Cependant, si le chef leur fait défaut, l'idée n'en existe pas moins. Ces bandes sont, en effet, puissamment soutenues par les sociétés secrètes, dont le but avéré est le renversement de la dynastie mandchoue actuelle. Si elles ne s'attaquent pas ouvertement aux mandarins en tant que représentants du pouvoir, c'est que la crainte est encore pour elles, non le commencement, mais un restant de la sagesse.

La presse d'Extrême-Orient, celle de Hong-Kong, en particulier, se charge de nous édifier sur la valeur de l'appui que les pillards et les bandits du Quang-Si trouvent dans les sociétés secrètes. Il ne se passe presque pas de jour sans que les feuilles anglaises dénoncent et commentent ce qu'elles ont coutume d'appeler la « rébellion ». Ainsi, le 28 avril 1903, le *Hong-Kong Daily Press* lançait un article tendancieux dans lequel on prêtait à la France l'intention d'intervenir ouvertement et par les armes au Quang-Si pour y ramener la tranquillité. Le *China Mail* du 1er septembre de la même année appuyait les conclusions d'une déclaration de l'*Ostasiatische Lloyd* de Shanghaï, où l'on insistait sur la nécessité de ne pas renouveler la convention expirée du 27 août 1901, interdisant l'importation d'armes étrangères en Chine, si l'on voulait permettre à celle-ci de venir à bout des troubles qui désolent ses provinces méridionales, sans risquer de voir la France y régler ses intérêts « à la manière russe ». On pourrait multiplier les exemples. La polémique continue à l'heure actuelle, à peine diminuée par les événements militaires de Corée. Quelles causes l'inspirent? Très vraisemblablement le désir de voir le principe de la « porte ouverte » maintenu dans la Chine du Sud, au détriment de l'influence exclusivement française.

Mais les articles de journaux ne remontent guère jusqu'au Quang-Si. L'argent y est mieux accueilli. Aussi est-ce d'un œil complaisant que la presse de Hong-Kong voit les riches négociants chinois de cette ville soutenir de leurs deniers les porte-paroles attitrés de leurs revendications dynastiques, autrement dit les pirates des deux Quang.

Rien ne vaut une situation troublée pour trouver en temps opportun des motifs d'intervention, protection de nationaux malmenés, d'affaires ou d'entreprises arrêtées. Et l'intervention se paie toujours par la cession d'avantages commerciaux, d'emprunts gagés, etc.

Les agissements des puissances au Quang-Si se traduisent, d'ailleurs, autrement encore que par des polémiques de presse et un appui tacite des sociétés secrètes. Les faits parlent mieux que tout.

Dès l'année 1897, l'Angleterre faisait ouvrir au commerce franc la ville d'Ou-Tchéou. Bientôt après, cette ville était reliée à Canton, c'est-à-dire à Hong-Kong, par un service régulier de vapeurs anglais. Aujourd'hui, une chaloupe anglaise remonte, chaque semaine, d'Ou-Tchéou à Nan-Ning-Fou. La vallée moyenne du Si-Kiang est sillonnée de prédicants anglais et américains. Ces derniers sont installés à Koui-Lin, la capitale. Disposant de capitaux autrement puissants que nos missionnaires, ils ne bornent pas leur propagande au domaine religieux; leur prosélytisme s'étend aux affaires commerciales et politiques. Un consul anglais réside à Ou-Tchéou ; on y construit un hôpital américain. A Nan-Ning-Fou, à Long-Tchéou, les agents des postes, les agents des douanes sont anglais, et leur influence est grande. Lorsqu'au commencement de 1903, la famine prit des proportions sérieuses au Quang-Si, les Chinois de Canton, sur les instances du consul américain de cette ville, envoyèrent du riz à leurs frères affamés. Le pavillon étoilé flotta au mât des jonques de secours qui remontèrent le Si-Kiang. L'Angleterre ne pouvait rester en deçà d'un tel élan de générosité. A Hong-Kong même, fut fondé, en 1903, le « Kwang-Si Famine Fund », véritable comité de bienfaisance, chargé de centraliser les envois de riz. Mais la récolte de l'été 1903 fut belle et l' « englisch rice » arriva trop tard. Chaque convoi était d'ailleurs escorté de révérends qui apportaient la bonne parole en même temps que la manne du ciel.

Le France fit mieux, heureusement. Le gouvernement général de l'Indo-Chine leva plusieurs fois l'interdiction d'exportation du riz du Tonkin (1); des approvisionnements de paddy furent transportés, sans frais, jusqu'à la frontière et vendus au delà, exonérés de droits de douane. Nous verrons d'ailleurs, par la suite, que notre influence au Quang-Si est loin d'être négligeable. Mais les faits mentionnés ci-dessus n'en restent pas moins suggestifs.

L'Angleterre et les Etats-Unis ne sont pas les seules puissances occupées à développer leurs intérêts de toute nature dans les provinces de la Chine méridionale. Chacun a encore présent à l'esprit l'affaire Carlowitz, qui se déroula au cours de l'année 1903. La maison Carlowitz et Cie, banquiers allemands de Shanghaï, avait décidé le gouverneur du Quang-Si, Wang, à accepter un emprunt de plus de 300.000 taëls, fourni, partie en argent, partie en armes, munitions et outillages divers, au taux

(1) Cette interdiction est un mal nécessaire. Les Chinois, négociants de la frontière du Tonkin, prêtent des sommes assez élevées à nos indigènes des hautes régions et cherchent à en obtenir le remboursement en riz. Le Tonkin lui-même se verrait en proie à la famine pendant les années de disette, si de sages précautions ne s'opposaient à ce genre de trafic.

de 7 p. 100. L'emprunt devait être gagé sur une augmentation de l'impôt du sel. On voit les conséquences qui auraient pu en résulter : troubles nouveaux du fait de la surélévation du prix d'une denrée de première nécessité, impossibilité du gouvernement provincial de faire face à ses échéances, nécessité d'intervention du gouvernement allemand pour défendre les intérêts compromis de ses nationaux. Le tout, au plus grand préjudice de notre influence, alors que nous paraissons ne pas pouvoir prêter un million à un gouverneur aux abois, tandis que l'insécurité de sa province est une menace perpétuelle pour la tranquillité de notre frontière.

L'affaire échoua, grâce à notre intervention diplomatique. La cour de Pékin refusa d'approuver l'emprunt et désavoua officiellement un meeting de protestation tenu par les Chinois de Shanghaï, sur des instigations étrangères, contre l'influence française au Quang-Si. Mais nos rivaux économiques n'ont pas enregistré de gaieté de cœur la reconnaissance officielle des traités de 1897 et 1898. L'affaire est caractéristique : c'est à croire que l'Allemagne, ne trouvant plus Kiao-Tchéou suffisant pour son appétit de débouchés nouveaux, cherche fortune dans la Chine du Sud.

De cet exposé découle nettement cette conclusion : les puissances rivales de la France en Extrême-Orient tentent certainement de mettre à profit la situation troublée d'une province voisine de notre colonie indo-chinoise; sans pouvoir affirmer qu'elles y entretiennent la rébellion continue qui la désole, elles voient cependant cette rébellion d'un œil favorable et espèrent trouver en elle, comme dans les causes accidentelles de misère, pauvreté du sol, famines, etc., l'occasion fortuite de supplanter notre influence, pourtant légitime, tant légalement que géographiquement. Devant cette menace, comme devant le bruit fait autour de la question par certaine presse d'Extrême-Orient, nous ne saurions nous désintéresser ni de l'état actuel, ni de l'avenir du Quang-Si. A la suite de l'énergique impulsion donnée à l'essor de l'Indo-Chine par les pouvoirs publics pendant ces dernières années, nos efforts sont actuellement tournés surtout vers le Yunnan. Mais, bien que la mise en valeur des deux Quang, qui constituent aussi une partie de l'hinterland de l'Indo-Chine, paraisse moins prochaine que celle du Yunnan, nous ne devons pas oublier que ces pays existent. Il est donc bon d'en connaître la nature et la valeur. C'est à ce titre que nous présentons cette étude.

Le Quang-Si passe pour une des provinces les plus pauvres de la Chine, sinon pour la plus pauvre. Cette appréciation pessimiste paraît malheureusement justifiée. Dans son ensemble, cette province est constituée par le haut bassin du Si-Kiang, qui débouche en face de Hong-Kong, sous le nom de rivière de Canton, après avoir traversé le Quang-Toung. C'est un pays montagneux, déboisé, d'un aspect rude et désolé. Le système orographique, assez diffus, est formé d'une série de rides parallèles, orientées du sud-ouest au nord-est, coupant, par conséquent, à angle droit les diverses branches du Si-Kiang, dont elles interrompent, par ce fait, la navigabilité. Le sol est, en général, très peu fertile ; d'ailleurs, les huit dixièmes de la surface sont incultes. Seuls, les terrains qui entourent les gros centres ou occupent le fond des vallées sont exploités. Les évaluations les plus optimistes donnent le chiffre de 6 millions comme nombre d'habitants. C'est tout ce que le pays paraît pouvoir nourrir à l'heure actuelle. Le climat, supportable en hiver, grâce à l'influence de la mousson froide, devient malsain pendant l'été, alors que la mousson chaude amène avec elle les températures et l'humidité tropicales. On ne trouve du reste au Quang-Si ni des altitudes élevées comme au Yunnan, ni le voisinage de la mer comme au Quang-Toung, conditions qui influent tant sur la salubrité du climat.

Sol peu fertile, presque inculte, climat pénible, enfin insécurité continuelle dont nous parlerons plus loin, ce sont là autant de causes de dépopulation. L'exode des Chinois du Quang-Si est bien connu : chaque année, des coolies dont le nombre se chiffre par plusieurs milliers, poussés par la faim, la maladie ou la terreur, vont chercher à vivre sous d'autres cieux.

L'inspection de la carte montre que l'hydrographie de la région est formée par un éventail de grands fleuves, dont la poignée est à Ou-Tchéou, On pourrait en conclure que les communications, difficiles dans les massifs montagneux qui séparent les vallées, doivent au moins pouvoir se faire aisément par les fleuves. Ceux-ci constituent bien, en effet, les meilleures routes de la province; mais leur utilisation commerciale est très précaire. Des rapides nombreux, renouvelés à chaque croisement de ride montagneuse, arrêtent la navigation.

Ainsi, la branche du Si-Kiang, qui descend du Tonkin par Long-Tchéou, Nan-Ning-Fou et Ou-Tchéou, la plus intéressante actuellement pour nous, ne constitue pas une voie commerciale vraiment pratique. Tandis que des services réguliers de chaloupes de rivière relient Canton à Ou-Tchéou, on en est encore à compter le nombre des bateaux à vapeur qui ont pu franchir le « Grand Rapide », à 60 kilomètres environ en amont de Kui-Yen. La canonnière anglaise *Sandpiper* passa la première en 1901; une autre canonnière et un petit vapeur anglais passèrent en 1902; la canonnière française

Argus passa en 1903. Depuis cette même année, un bateau anglais remonte chaque semaine d'Ou-Tchéou à Nan-Ning-Fou, quand la hauteur des eaux le permet; mais son tonnage est tel qu'il ne peut faire une concurrence sérieuse aux jonques chinoises. De Nan-Ning-Fou à Long-Tchéou naviguent seuls les sampans ne jaugeant pas plus de 30 tonnes. Plus en amont, les sampans à fond plat de 10 tonnes sont seuls utilisables. Les autres branches du Si-Kiang sont encore moins bien partagées.

Malgré ces difficultés, les fleuves compensent l'insuffisance des routes dans le Quang-Si, et la batellerie y est relativement développée. Les villes importantes se sont donc fondées aux confluents des rivières, et sur les rives en des points où l'arrêt dans la navigation oblige à des transbordements. La capitale politique, Koui-Lin, compte 100.000 habitants; ce n'est qu'une résidence de fonctionnaires en activité de service ou en retraite; elle présente peu d'intérêt commercial. La capitale économique est Ou-Tchéou, ville de 80.000 habitants, port à traité relié à la mer par la grande artère du Si-Kiang inférieur dont la navigabilité facile défie toute concurrence dans le prix des transports.

Les villes plus modestes de Nan-Ning-Fou, Long-Tchéou, Pé-Sé, nous intéressent plus spécialement, car leur essor ne peut être assuré qu'autant qu'elles seront facilement reliées à la mer. Nan-Ning-Fou compte 60.000 habitants; c'est le centre régulateur des échanges entre le Si-Kiang navigable et les régions d'amont. A l'heure actuelle, c'est encore par Pack-Hoï et à dos d'homme que se font la plupart des transactions entre Long-Tchéou, Nan-Ning-Fou et l'extérieur, tant la navigation est longue, onéreuse, voire même dangereuse, entre Nan-Ning-Fou et Ou-Tchéou. Nous verrons plus loin ce qu'il serait possible de tenter pour améliorer cette situation. Quant à Pé-Sé et à Liéou-Tchéou, débouchés naturels du Kouéi-Tchéou, leur éloignement est tel qu'en l'état actuel de la situation politique du Quang-Si, on ne peut faire que des conjectures sur leur avenir économique.

Le sous-sol du Qouang-Si est encore peu connu. Les explorateurs ont bien relevé la géographie de la province, mais les missions spéciales ont été trop peu nombreuses pour qu'on puisse conclure de leurs rapports à la connaissance complète de la structure géologique de l'ensemble du pays. Il est vraisemblable de croire que le Quang-Si occidental, prolongement naturel du Yunnan, est constitué, comme celui-ci, de terrains de l'ère primaire et de l'ère secondaire inférieurs au jurassique, terrains riches en minerais de toutes sortes. D'autre part, dans la région qui s'étend de Koui-Lin à Ou-Tchéou et à Liéou-Tchéou, des tentatives d'exploitations minières ont été faites à maintes reprises par les Chinois de Canton. Quelques-unes sont encore actuellement poursuivies; d'autres sont abandonnées. Mais le mauvais vouloir des mandarins, le brigandage, les difficultés de communications, sont autant d'obstacles qui s'opposeront longtemps encore à une étude approfondie et à la mise en valeur du sous-sol, là où celle-ci pourrait être rémunératrice.

Ainsi, le Quang-Si paraît mériter sa réputation de terre inhospitalière. Pourtant, il convient d'ajouter qu'il n'en fut pas toujours ainsi et que certaines parties de la province sont encore florissantes. Les annales chinoises rapportent qu'autrefois le Quang-Si nourrissait l'excédent de population du Quang-Toung. Ce fait ne doit pas surprendre; en ce moment même, la région qui s'étend au sud du Si-Kiang, entre Ou-Tchéou, Yu-Lin et Pack-Hoï, exporte à chaque récolte un léger superflu de la production de ses fertiles rizières. La sériciculture était également jadis une autre source de richesses pour le pays; le mûrier y fournissait jusqu'à huit récoltes par an, et c'était en soies que la province payait son tribut annuel à l'Empereur. La région de Yu-Lin fait encore de gros envois de soies à Canton. La canelle réputée du Quang-Si se vendait au poids de l'or dans la Chine entière. La plaine de Nan-Ning-Fou est des plus fertiles; la canne à sucre est cultivée dans la vallée du Si-Kiang jusqu'au Tonkin; les régions de Long-Tchéou et de Pé-Sé produisent de la badiane, de l'indigo, en quantités appréciables.

Tous ces indices sont à retenir, car ils permettent d'espérer qu'au jour où les causes de décadences disparaîtront, la prospérité agricole et la prospérité industrielle même, qu'une administration séculaire désastreuse a transformées en pauvreté légendaire, reprendront leur essor.

L'histoire du Quang-Si est également instructive à méditer. Elle explique comment cette malheureuse province a pu tomber peu à peu dans l'état d'anarchie que nous constatons aujourd'hui.

Comme toutes les régions de l'Empire du Milieu qui s'étendent au sud du bassin du Fleuve-Bleu, le Quang-Si fut conquis par les Chinois sur la race thaï; la domination de Pékin fut définitivement assise vers le milieu du XIe siècle. La conquête amena une diminution telle de la population aborigène, qu'il fallut songer à combler les vides par la colonisation, comme au Yunnan. Mais, tandis qu'au Yunnan, la Chine laissa sur place les soldats de ses armées conquérantes, qui peu à peu se firent colons, elle jugea que les populations du Quang-Si, trop belliqueuses, ne pourraient être définitivement soumises que par une dénationalisation complète. Elle envoya donc au Quang-Si, pendant les cours des siècles qui suivirent la conquête, tous les condamnés de l'Empire.

Le résultat fut bien différent, on le devine. Tandis qu'au Yunnan les anciens soldats libérés s'occupèrent pacifiquement d'agriculture, de commerce ou d'industrie, les forçats déportés au Quang-Si, évadés, graciés, ou arrivés au terme de leur peine sans pouvoir quitter le pays, reprirent naturellement leur ancien métier de brigands et se firent pillards ou bandits. On ne saurait donc s'étonner de ce que le Quang-Si fut de tout temps le foyer des insurrections et des mouvements révolutionnaires qui ont ébranlé l'empire chinois.

Le plus terrible de ces mouvements fut la révolte des Taï-Pings, qui ensanglanta la Chine entière de 1848 à 1864. Fomentée au Quang-Si par les sociétés secrètes, la révolte gagna les provinces voisines, s'avança jusqu'à Nankin, menaça Pékin et ne fut étouffée que grâce au concours d'officiers anglais et français que rendit disponibles la signature des traités de 1860. Mais, si les victoires impériales conservèrent à la dynastie des Tsing le trône de Pékin, elles ne firent pas disparaître la cause même de l'insurrection, l'existence des sociétés secrètes. A l'heure actuelle, celles-ci n'ont pas renoncé à leurs espérances; elles ont simplement ajouté quelques statuts antiétrangers à leurs anciens statuts antidynastiques, en souvenir de notre coopération dans la lutte qui chercha en vain à les anéantir. D'ailleurs, le foyer même de la révolte, le Quang-Si, ne fut jamais pacifié depuis lors. Quand nous dûmes conquérir le Tonkin, de 1883 à 1885, nos troupes se trouvèrent, dans le delta même du Fleuve-Rouge, en présence des Pavillons-Noirs, anciens Taï-Pings repoussés, et de troupes régulières chinoises entrées sur le territoire de l'empire d'Annam à la suite d'une recrudescence de rébellion survenue en 1878.

Le traité de paix avec la Chine, du 9 juin 1885, n'améliora en rien l'état troublé de la province, bien au contraire. Par ce traité, la Chine s'engageait à réduire à l'impuissance et à disperser les éléments de révolte qui constituaient un danger permanent pour notre nouvelle colonie. Mais elle conservait, d'autre part, le secret espoir de nous voir bientôt abandonner, de force ou de gré, notre nouvelle conquête. Aussi voulut-elle garder au Quang-Si une véritable armée d'avant-garde, capable de mettre à profit notre premier mouvement de retraite. Les pillards du Quang-Si, aguerris, endurants, hostiles aux étrangers, du fait de leurs affiliations politiques, lui en fournirent les meilleurs éléments. Elle ne fit donc rien pour exécuter la clause du traité de 1885, qui les visait.

Elle les doubla, d'ailleurs, d'une armée régulière, dite « corps d'armée de la défense de la frontière du Quang-Si », qu'elle installa en grande partie dans la région Nam-Quan, Long-Tchéou, et dont l'organisation et le commandement furent confiés au général Sou-Kong-Pao, le vainqueur de Bang-Bo (1), bien connu sous le nom de « maréchal Sou ». Comme l'entretien de cette armée était onéreux, une partie en fut licenciée sur place, et, par compensation, la région Nam-Quan, Long-Tchéou fut fortifiée. On vit alors armée régulière, soldats licenciés et pirates vivre tranquillement côte à côte pendant de longues années et se prêter un mutuel appui, ou tout au moins une neutralité bienveillante, pour mettre la province en coupe réglée, dans le commun espoir de fraterniser plus complètement quelque jour contre les Français du Tonkin.

Cet état de choses dura jusqu'à la signature de la con-

(1) C'est à Bang-Bo, en mars 1885, qu'eut lieu la rencontre qui précéda la bataille de Ky-Lua et la retraite de Lang-Son.

vention d'abornement du 19 juin 1894, qui fixa le tracé définitif de la frontière. A ce moment, le maréchal Sou, secrètement hostile aux étrangers, mais trop intelligent pour ne pas comprendre qu'il ne pouvait plus rien être fait contre notre protectorat du Tonkin, tout puissant politiquement et militairement au Quang-Si, se décida à prendre, enfin, les mesures nécessaires pour éteindre le foyer d'insurrection dont il avait jusqu'ici toléré l'existence. Ses sentiments francophiles, très probablement intéressés, mais sûrement sincères à compter de 1895, nous furent d'une grande utilité. Pendant que nous achevions de procéder à la pacification des hautes régions du Tonkin, à l'organisation militaire de la frontière et à l'armement des populations définitivement acquises à notre cause, le calme sembla renaître au Quang-Si. Sou, s'attachant les pirates par des enrôlements, ou les combattant efficacement, selon les circonstances, les mit hors d'état d'inquiéter notre territoire. L'entente régna enfin entre les autorités chinoises et françaises, suffisamment du moins pour que la période de 1895 à 1900 fût marquée par une tranquillité presque complète.

Malheureusement, les événements de 1900, sans avoir une répercussion directe au Quang-Si, réveillèrent cependant les sentiments révolutionnaires des anciens Taï-Pings, grossis des pirates que nous avions chassés du Tonkin. Les sociétés secrètes s'agitèrent de nouveau; des famines survenues en 1900, 1901, 1902, 1903, accrurent la misère. Des intrigues de cour représentèrent à l'Impératrice le maréchal Sou comme coupable d'amitié envers les étrangers; ses dettes, dues à une libéralité incorrigible, lui suscitèrent des ennemis; les gens jaloux de son pouvoir ne manquaient pas. Sou fut donc déplacé une première fois en novembre 1901, définitivement relevé de ses fonctions en mars 1903 et condamné à mort. Heureusement, la justice chinoise n'est jamais expéditive pour les gros personnages; notre intervention diplomatique lui valut récemment la vie sauve et la promesse d'une grâce prochaine.

Depuis lors, ses successeurs se débattent au milieu d'une recrudescence de piraterie. Ils ont successivement renvoyé les anciens soldats du maréchal, qui sont allés en partie grossir les bandes reformées, et les ont remplacés par des troupes du Hou-Nan et du Hou-Pé, lesquelles n'ont pu s'acclimater dans le Quang-Si. Mais les pillards trouvent un appui constant dans les sociétés secrètes de l'extérieur, comme nous l'avons fait ressortir, dans les négociants des villes mêmes du Quang-Si, qui sont les recéleurs de leurs vols, dans les mandarins inférieurs, qui les craignent à juste titre. Et l'anarchie refleurit à nouveau dans la malheureuse province.

Cet état changera-t-il? On n'ose l'espérer, du moins pour un avenir immédiat. Les causes qui l'engendrent sont trop nombreuses. Si certaines sont passagères, comme les famines, le défaut de rendement d'un sol laissé en friche, la plupart des autres paraissent durables. Telles sont : les agissements continuels des sociétés secrètes, animées d'espoirs antidynastiques ; la nature même de la population du Quang-Si, en partie composée d'anciens forçats et de leurs descendants; le licenciement partiel des troupes concentrées à la frontière depuis la paix de 1885; les désertions de réguliers non payés; les difficultés des opérations militaires dans un pays coupé, montagneux et difficile; la faiblesse et la routine de l'administration chinoise; la connivence tacite des lettrés, des mandarins, des commerçants, l'éloignement du gouvernement de Pékin, etc.

C'est l'hydre aux cent têtes qu'il faudrait vaincre! Un seul espoir subsiste d'en venir à bout : le manque de cohésion qui caractérise encore les actions personnelles, divergentes et isolées des bandes morcelées.

***

Il est presque inutile de faire ressortir que c'est à la France, encore plus qu'à toute autre puissance, qu'il appartient de ne pas laisser durer indéfiniment la triste situation que nous venons de relater.

Le Quang-Si et le Tonkin ont des intérêts économiques communs trop nombreux pour que la prospérité du premier ne soit pas un facteur important de la prospérité du second. En revanche, la recherche des moyens les plus propres pour réussir dans cette œuvre de régénération est intéressante.

Il convient d'insister, tout d'abord, sur les raisons qui nous permettent de considérer comme dénuées de fondement et simplement tendancieuses, les hypothèses gratuites par lesquelles une partie de la presse d'Extrême-Orient prête à la France l'intention d'intervenir par les armes au Quang-Si. Que gagnerions-nous à une telle action? Un vaste territoire, peu connu, mais suffisamment parcouru pour qu'on sache que la pauvreté du sol, l'insalubrité du climat, les difficultés des communications, l'apathie de la race thaï aborigène et l'hostilité des Chinois conquérants en rendraient longues et pénibles la conquête et la mise en valeur. Or, la France possède déjà un empire colonial assez vaste pour absorber pendant longtemps encore ses besoins d'expansion. Ceci est presque un lieu commun; mais cette vérité s'applique plus spécialement au Quang-Si. Si nous rêvions d'acquisitions territoriales, ce n'est pas là que nous devrions les chercher.

D'ailleurs, au point de vue exclusivement militaire, une entreprise de cette envergure ne saurait être menée à bien sans avoir à vaincre de sérieuses difficultés. On ne pourrait mieux la comparer qu'à la guerre qu'il nous a fallu soutenir pendant près de quinze ans pour conquérir le Tonkin, en soumettre et pacifier les hautes régions. Nous retrouverions au Quang-Si les mêmes pays difficiles, les mêmes bandes de pillards et de pirates, et aussi la même armée chinoise.

Le pays, par lui-même, est éminemment propre à la guerre de partisans, aux embuscades, aux coups de main ; il est vaste et il faudrait pas mal de temps, probablement aussi pas mal d'hommes, pour assurer sa soumission complète. Chaque massif montagneux, défendu par une poignée de gens aguerris, bien armés, résolus par intérêt et par affiliations politiques à ne pas permettre la pénétration étrangère, nécessiterait une opération spéciale. Seul, un fort contingent pourrait entreprendre une pareille tâche. Ce sont là les difficultés mêmes que nous avons eu à vaincre lors de la pacification du Tonkin ; nous savons ce qu'il en a coûté pour les surmonter.

D'autre part, l'armée chinoise du Quang-Si, opérant dans ce rude pays, appuyée sur les irréguliers, qui ne manqueraient pas de faire cause commune avec elle contre l'envahisseur, ne serait pas non plus un facteur négligeable. Si l'armée proprement dite et les milices mandarinales ne sont qu'une garde nationale incapable d'un sérieux effort, le corps d'armée de défense de la frontière créé après 1885 est plus solide. L'anarchie la plus complète y règne actuellement ; dans le but de courir sus aux pirates partout où ils se montrent, les garnisons sont à tout instant modifiées, sans méthode, au gré des mandarins qui s'épuisent en vains efforts depuis le départ de Sou. Des troupes récemment envoyées du Hou-Pé, dressées à l'européenne, sont venues se faire décimer par la maladie dans les postes insalubres de la frontière. Mais tous ces éléments hétérogènes se souderaient suffisamment à l'heure du danger pour nous opposer un ensemble de forces capable d'une action énergique, surtout par sa continuité.

Les forteresses qui hérissent la route de Nam-Quan à Long-Tchéou et qui constituent presque exclusivement l'organisation défensive du Quang-Si, sont plus des épouvantails que des obstacles sérieux. Les canons qui en garnissent les remparts manquent d'artilleurs. Il n'en est pas moins vrai que cette région fortifiée nécessiterait, pour en faire tomber la résistance, une véritable manœuvre par la vallée du Song-Ki-Kong, à peine défendue.

Nous voyons donc bien l'effort qu'il y aurait à faire pour mener à bien une action militaire au Quang-Si. Mais il y a plus. Cette action, si elle devait jamais avoir lieu, ne manquerait pas de soulever les protestations énergiques des puissances qui ont des intérêts dans la Chine du Sud, aujourd'hui surtout que toutes les nations, sauf peut-être la Russie, voient dans la « porte ouverte » le principe intangible dont seul le maintien peut leur permettre de continuer la guerre économique qu'elles se font entre elles.

Ainsi, gain médiocre, effort considérable, difficultés sinon complications diplomatiques possibles, c'est à ces bénéfices, plutôt négatifs, que nous conduirait une intervention par les armes au Quang-Si. La sagesse et la prudence nous permettent donc de conclure que ce ne serait qu'à notre corps défendant que nous nous lancerions dans une telle aventure, et seulement dans des cas d'une gravité exceptionnelle. Encore devrions-nous savoir nous borner à l'indispensable, tant militairement que politiquement, c'est-à-dire à l'occupation, en dernier ressort, du confluent à Long-Tchéou de deux grands fleuves tonkinois.

Si la conception d'une occupation militaire du Quang-Si paraît devoir rester le produit d'imaginations fantaisistes, par contre l'application du principe de la « porte ouverte » nous permet d'agir politiquement et économiquement au même titre que nos concurrents d'Extrême-Orient. Nous allons chercher à montrer que dans cet autre ordre d'idées notre action peut avoir des résultats féconds.

On a souvent écrit et répété depuis quelque temps, à juste titre, que le maintien du *statu quo* au Maroc serait encore le meilleur moyen d'y permettre le développement de notre influence, même en ne laissant à celle-ci que le droit de prééminence, auquel nous pouvons prétendre pour des raisons géographiques et économiques. Il en est de même au Quang-Si, qui, nous l'avons vu, présente plus d'un point d'analogie avec le Maghreb occidental. Ce n'est pas nous qui ferons en sorte que le *statu quo* vienne à être modifié. En revanche, peut-être d'autres sont-ils intéressés à voir se produire un changement quelconque dans l'organisation de la Chine du Sud. On n'en est encore, à cet égard, qu'aux signes précurseurs que nous avons relatés ci-dessus : affaires du genre de celle de la maison Carlowitz, campagnes de presse, démonstrations de générosité lors des famines périodiques, etc. Ces indices, très suggestifs, doivent être suivis de près et il est de notre devoir, tout en acceptant et en proclamant aussi le maintien de la « porte ouverte » au Quang-Si, de ne pas admettre qu'un avantage sérieux puisse être accordé par la Chine à d'autres sans que nous recevions, en échange, un avantage correspondant.

Les traités de 1897 et 1898 nous font la partie belle à cet égard; nos efforts diplomatiques doivent tendre à leur respect, non seulement dans la lettre, ce qui ne paraît pas trop difficile à l'heure actuelle, mais surtout dans leur esprit, ce qui est plus délicat. Ces traités nous ont concédé une situation privilégiée vis-à-vis de la Chine en cas de partage futur; le partage de l'Empire du Milieu semble bien lointain, sinon problématique; encore sera-t-il bon de nous présenter, à l'heure du règlement des comptes, avec tous les droits possibles, c'est-à-dire avec ceux que nous confèrent déjà les traités et avec ceux que nous saurons acquérir par la suite.

Nous devons donc chercher à développer au Quang-Si tous les moyens propres à y accroître notre influence politique et morale. L'école et l'hôpital en sont deux très puissants. Nous avons un poste médical à Long-Tchéou, alors que les Américains construisent un hôpital à Ou-Tchéou. A Long-Tchéou encore, nous avons une école. En juin 1903, l'inauguration solennelle de l'école Berthollet, à Nan-Ning-Fou, est venue marquer un nouveau progrès dans cette voie. Nous semblons ainsi avoir un peu d'avance sous ce rapport; sachons le conserver. Nos missionnaires peuvent encore lutter contre les prédicants réformés : sachons les y aider.

Par contre, notre représentation officielle au Quang-Si paraît bien faible. Tandis que les Anglais ont un consul à Ou-Tchéou, des agents répandus partout dans les services des douanes impériales et des postes, nous n'avons plus, à Long-Tchéou, qu'un gérant du consulat, personne ailleurs. De plus, ce n'est pas une fois par an que notre pavillon doit se montrer sur le Si-Kiang, comme l'*Argus* le fit en 1903, pour l'inauguration de l'école Berthollet, c'est aussi souvent que le pavillon anglais, sinon plus souvent. Le nom de la France n'est pas inconnu au Quang-Si, même loin de la frontière tonkinoise; depuis ces dernières années, nos missions s'y sont succédé, nos explorateurs l'ont parcouru; ces entreprises doivent être encouragées et renouvelées.

Enfin, n'oublions pas que nous avons dans les sociétés secrètes un ennemi puissant, d'autant plus dangereux qu'il est caché. Il nous appartient de les surveiller étroitement, en particulier dans les ramifications nombreuses qu'elles entretiennent en Indo-Chine, et de ne pas hésiter à édicter — et à appliquer — les peines les plus sévères contre leurs membres actifs.

Que convient-il de tenter économiquement, d'autre part, pour faire cesser le triste état actuel du Quang-Si et permettre enfin la mise en valeur rationnelle de cette province? C'est par l'examen de cette question que nous voudrions terminer cette étude.

Un principe fondamental doit présider à toute tentative de renaissance économique du Quang-Si. Celui-ci ne possède pas de côtes propres et ne peut communiquer avec la mer que par l'intermédiaire des régions voisines, Tonkin ou Quang-Toung. Or, chacun sait qu'un pays quelconque ne peut se développer commercialement qu'autant qu'il est en communications faciles avec les autres pays, en particulier par la mer. Une colonie sans façade maritime ne se comprendrait pas. Le problème à résoudre peut donc se formuler ainsi : quels sont les moyens les plus propres à employer pour mettre le Quang-Si en relations commodes avec la mer? Le même problème s'est posé, jadis, pour le Yunnan. La question, abordée par Francis Garnier et Dupuis, il y a plus de trente ans, vient d'entrer dans la période de la résolution pratique par la construction d'un chemin de fer de Haïphong à Yunnan-Sen, doublant la voie du Fleuve-Rouge, devenue insuffisante. La même solution peut-elle être adoptée pour le Quang-Si? Nous allons voir que le rail, également indispensable pour le développement de cette province, serait insuffisant s'il devait être borné à doubler la grande artère fluviale du Si-Kiang.

Les fleuves qui constituent par leur réunion la Rivière de Canton (West-River), sont au Quang-Si, nous l'avons dit, d'une navigabilité très précaire. Au-delà d'Ou-Tchéou, au contraire, la Rivière de Canton est d'une navigabilité commercialement pratique. Le problème semble donc devoir être dédoublé et posé distinctement, d'une part, pour le parcours d'Ou-Tchéou à la mer, d'autre part, pour les régions en amont d'Ou-Tchéou.

Disons de suite qu'en aval d'Ou-Tchéou, et bien qu'il s'agisse là plutôt du Quang-Toung que du Quang-Si, la voie fluviale paraît largement suffisante pour les besoins de l'heure actuelle. Elle est sillonnée de nombreuses jonques chinoises, de chaloupes anglaises et françaises (Compagnie Trévoux); ces dernières viennent de voir leur nombre et leur tonnage augmentés. De ce fait qu'Ou-Tchéou est un port à traité, qu'il délivre pour l'intérieur des passes de transit dispensant des droits du likin aux douanes provinciales, que ses communications avec la mer sont des plus commodes et déjà bien établies, on peut conclure que le développement des régions du Quang-Si, situées à l'est de Kui-Yen (en aval des grands rapides), procédera et procède déjà, par Canton et Hong-Kong, autrement dit par le Quang-Toung oriental. Pour Ou-Tchéou et ses environs, le rail semble devoir être inutile, de longtemps encore.

En amont de Kui-Yen, le problème est tout différent. Là, les fleuves sont d'une navigabilité commercialement impraticable, et le rail est, pour ces régions, la condition indispensable du développement économique à chercher. Il ne saurait subsister de doute à cet égard. Mais il convient d'ajouter qu'il ne paraît pas possible de prévoir dès maintenant un programme d'ensemble permettant de fixer en entier le réseau des futures voies ferrées propres à la mise en valeur de tout le pays. Trop de données manquent encore, en effet.

Pour le Yunnan, il était aisé de se rendre compte *à priori* qu'un chemin de fer tracé d'Haïphong à Yunnan-Sen drainerait sans difficulté le grand courant commercial qui emprunte le Fleuve-Rouge dans presque toute sa longueur. Au Quang-Si, au contraire, le réseau forme un éventail; de cet éventail, les missions et les explorateurs nous ont fait connaître surtout jusqu'à présent le Si-Kiang et ses branches maîtresses, le Tso-Kiang, le Yu-Kiang et le Hong-Chui. Au nord de ces vallées, le pays est encore trop peu connu pour qu'on puisse préciser avec certitude ses ressources et ses besoins. En d'autres termes, ce ne sont encore que des lignes « d'intérêt local » dont on doit envisager la construction au Quang-Si, et non des lignes traversant la province de part en part, quitte plus tard à pousser au delà le premier réseau établi, à mesure que les régions situées plus au nord auront pu être mieux étudiées.

Le tracé de ces lignes d'intérêt local est facile à fixer : celles-ci doivent suivre les courants commerciaux qui mettent dès maintenant l'intérieur du Quang-Si en communication avec la mer. Nous allons les passer successivement en revue.

Un premier courant commercial relie Long-Tchéou aux régions tonkinoises de Lang-Son, That-Khé et Cao-Bang. C'est le moins important des courants commerciaux extérieurs du Quang-Si. Les douanes impériales de Long-Tchéou révèlent un chiffre annuel de 600.000 francs d'affaires pour ce port à traité. Ces douanes ne peuvent pas tenir compte, il est vrai, de la contrebande d'opium, de sel, etc., qui sévit sur la frontière et qui doit augmenter dans des proportions sensibles le total des échanges. Mais, ce qui est plus caractéristique, c'est que le commerce entre Long-Tchéou et le Tonkin consiste presque exclusivement en importations de notre colonie (bois, teintures, huile de badiane, etc.) ; seuls, quelques milliers de francs sur les 600.000, représentent le trafic de Long-Tchéou avec l'extérieur, par Haïphong et Hong-Kong. Pourtant, notre chemin de fer remonte à Dong-Dang depuis longtemps déjà.

Pouvons-nous en conclure que cette voie ferrée ne doive pas être prolongée jusqu'à Long-Tchéou? Cette manière de voir serait, à notre avis, une erreur.

La ligne qui relie le Delta du Tonkin à Lang-Son fut construite, il y a dix ans, dans un but stratégique. Elle fut l'un des moyens les plus puissants qui nous permirent d'assurer la pacification des régions voisines de son tracé. Mais, depuis lors, elle paie largement ses frais d'exploitation. Le budget de la colonie porte, en effet, pour l'exercice 1904, et pour l'ensemble de la ligne Vinh (Annam), Hanoï, Quang-Si (Dong-Dang) une prévision de dépenses de 685.000 piastres et une prévision de recettes de 900.000 piastres Or, les dépenses à effectuer, en 1904, sont surtout dues aux travaux d'achèvement de la section Nam-Dinh, Vinh. C'est donc la section Hanoï, Dong-Dang qui doit fournir l'excédent de recettes. Il est vraisemblable d'admettre que cet excédent de recettes ne serait pas supprimé parce que la ligne serait prolongée, en Chine, sur les 90 kilomètres qui séparent Dong-Dang de Long-Tchéou.

Nous gagnerions, en outre, à cet achèvement, une influence politique considérable dans cette partie du Quang-Si, et qui contribuerait certainement pour beaucoup à l'extinction définitive de la piraterie au delà de la frontière.

Dès 1895, la Compagnie de Fives-Lilles obtint du gouvernement chinois l'autorisation de prolonger la ligne commencée au Tonkin, non seulement jusqu'à Long-Tchéou, mais encore jusqu'à Nan-Ning-Fou et Pé-Sé. Les études préliminaires furent faites alors jusqu'à Long-Tchéou, puis, des difficultés survenues entre nos pouvoirs publics, la Compagnie et le gouvernement chinois, sur lesquelles nous ne croyons pas devoir nous étendre ici, empêchèrent l'exécution des travaux. Il serait vraiment à désirer que des pourparlers nouveaux fussent engagés, et que l'œuvre fût achevée jusqu'à Long-Tchéou. Nous y gagnerions de précieux avantages politiques, commerciaux et même militaires au cas d'un conflit avec la Chine.

Il est certain que, si nous pouvions présenter sur le marché de Long-Tchéou des marchandises au même prix que celles qui y viennent *via* Pak-Hoï et Nan-Ning-Fou, nous serions à même d'opposer une concurrence sérieuse à ces dernières. Pour n'en prendre qu'un exemple, les filés de coton et les cotonnades que le Quang-Si fait venir actuellement de l'Angleterre, des Indes et du Japon, et qui sont pour les habitants des objets de première nécessité, pourraient lui être en partie fournis par l'Indo-Chine, où la culture du coton est en bonne voie d'extension. Nous n'en sommes malheureusement pas là. Actuellement, nos tarifs de douanes et les frais de transport par voie ferrée entre Haïphong et Dong-Dang produisent encore une majoration de 125 p. 100 sur les prix de vente des marchandises transitant par le Tonkin, comparés à ceux des marchandises transitant par Pack-Hoï. Mais il y aurait, par contre, un gain de temps sensible à utiliser la voie du Tonkin. L'exemple indiqué montre, en outre, que le problème n'est pas insoluble par lui-même. La construction du chemin de fer sera peut-être le moyen décisif qui nous obligera à aborder, enfin, les conditions de sa résolution.

Deux autres courants commerciaux, de beaucoup plus importants que le précédent, relient directement le Quang-Si à la mer. L'un suit la voie Nan-Ning-Fou, Kin-Tchéou, Pack-Hoï; il se chiffre annuellement par 15 millions de francs. L'autre part de la région du moyen Si-Kiang, à hauteur de Kouéi-Yen, là où les rapides nombreux et dangereux arrêtent la navigation, et passe par Yu-Lin, Lien-Tchéou et Pack-Hoï; il s'élève à 12 millions de francs par an. L'importance de Pack-Hoï ressort de ces deux chiffres. Ce port fut autrefois le grand entrepôt régulateur des échanges entre l'extérieur, le Quang-Si, le Yunnan et le Kouéi-Tchéou. L'ouverture définitive de la voie du Fleuve-Rouge, par le fait de la pacification du Tonkin, la création à Ou-Tchéou d'un port à traité obtenue en 1897 sur les instigations anglaises, l'insécurité du Quang-Si, devenue très grande depuis 1900, ces trois causes ont détourné le commerce du Yunnan vers le Tonkin, celui du Kuang-Si oriental et du Kouéi-Tchéou vers Canton et Hong-Kong. De ces trois causes de décadence de Pack-Hoï, deux sont irrémédiables; mais la dernière, l'insécurité du Quang-Si, n'est que passagère, il faut bien l'espérer. Pack-Hoï restera donc ce qu'il est encore à l'heure actuelle, le vrai port du Quang-Si méridional. Le chiffre de 30 millions d'affaires qui s'y font actuellement, de ce chef, ne pourra que croître.

L'idée devait donc venir naturellement de mettre en communications faciles Pack-Hoï et le Si-Kiang, comme aussi de doubler par des voies ferrées les courants commerciaux mentionnés ci-dessus, dont l'existence est dûment constatée et le chiffre d'affaires exactement connu.

Aucune difficulté technique ne se présenterait pour

l'établissement d'un chemin de fer de Nan-Ning-Fou à la mer. La ligne nous fut concédée de Nan-Ning-Fou à Pack-Hoï, en 1898, en compensation de l'assassinat d'un missionnaire au Quang-Si. Les études préliminaires sont faites. Le point terminus sur le Si-Kiang doit bien être Nan-Ning-Fou, ville ouverte au commerce franc, véritable entrepôt de la vallée moyenne du Si-Kiang, peu éloignée du confluent du Yu-Kiang, qui descend de Pé-Sé. De Nan-Ning-Fou à Kin-Tchéou, il n'y aurait que 125 kilomètres de rail à poser, à travers une région mamelonnée, à pentes douces, sillonnée de ruisseaux peu larges. La chaîne qui sépare le versant côtier du bassin du Si-Kiang présente une altitude maximum de 189 mètres, et les cols sont sensiblement au-dessous de cette côte.

L'exploitation d'une telle ligne couvrirait facilement les frais de construction, car la voie ferrée remplacerait avantageusement les très nombreux coolies qui circulent sans cesse entre Kin-Tchéou et Nan-Ning-Fou. La voie ferrée drainerait, en outre, les marchandises très lourdes, non transportables à dos d'hommes, qui empruntent la voie du Si-Kiang, malgré les difficultés de la navigation. Ce n'est d'ailleurs pas un pays désert et inculte que desservirait ce futur chemin de fer : des centres miniers et agricoles sont échelonnés le long du tracé probable, à Siao-Tung, à Nat-Chung, à Na-Lien, etc. ; la vallée de la rivière de Kin-Tchéou est fertile. La prospérité qui résulterait pour ces régions de la pose du rail ajouterait encore au rendement du commerce de transit entre la mer et le Si-Kiang.

Des doutes peuvent s'élever, cependant sur le point du littoral auquel il conviendra de faire aboutir le futur chemin de fer. Devra-t-il s'arrêter à Kin-Tchéou, les marchandises continuant à être transportées par cabotage entre Kin-Tchéou et Pack-Hoï, comme cela a lieu actuellement? Devra-t-il être prolongé de Kin-Tchéou à Pack-Hoï par une ligne côtière? Ce sont là des questions qui regardent plus l'avenir du Quang-Toung que celui du Quang-Si, et nous en réservons la discussion pour une étude ultérieure sur le Quang-Toung.

Les mêmes raisons que celles données plus haut : nécessité de doubler un gros courant commercial, facilités d'établissement, richesse actuelle et perspectives d'avenir des régions traversées, militent en faveur de la construction d'un autre chemin de fer reliant le Si-Kiang à la côte, par Yu-Lin. Le point terminus ne saurait en être Ou-Tchéou, où, nous l'avons vu, le rail est actuellement superflu; la voie ferrée devrait aboutir au Si-Kiang, là où celui-ci cesse d'être navigable commercialement, à Kui-Yen. Aucune convention ne nous concède une telle ligne, mais la Chine ne ferait vraisemblablement pas de sérieuses difficultés pour nous accorder l'autorisation nécessaire. Par contre, le point terminus sur la côte est d'un choix délicat; sera-ce Pack-Hoï, sera-ce Quang-Tchéou-Wan? Autrement dit, est-il possible et avantageux de détourner le courant commercial Yu-Lin, Pack-Hoï au profit de notre port français, et de donner à celui-ci une extension commerciale qui lui manque encore? C'est là une question des plus importantes — comme aussi des plus intéressantes — que nous nous proposons de résoudre dans une étude ultérieure sur le Quang-Toung.

Ainsi, le réseau d'intérêt local qu'il y aurait lieu d'établir dès maintenant dans le Quang-Si méridional, seule partie de cette province dont on puisse entreprendre de suite la mise en valeur, tant que le reste ne sera ni mieux connu, ni mieux pacifié, se résume aux trois lignes dont nous avons tracé l'économie.

Il est bien certain que, plus tard, une fois ces lignes indispensables établies, d'autres s'imposeront à leur tour. Par exemple, les villes de Long-Tchéou, Nan-Ning-Fou et Kui-Yen seront reliées probablement quelque jour entre elles par le rail, qui compensera la mauvaise navigabilité du Si-Kiang.

De même, le cours du Yu-Kiang sera vraisemblablement doublé aussi par une voie ferrée, qui partira de Nan-Ning-Fou, pour remonter à Pé-Sé. Cette autre province commence à être mieux connue qu'autrefois. Elle paraît être très boisée, d'un sol fertile propre à la culture du pavot et du mûrier, d'un sous-sol riche en minerais, d'un climat doux et sain sur les plateaux nombreux. Autrement dit, elle semble présenter bien des points d'analogie avec le Yunnan. Or, elle communique difficilement avec la mer. Depuis la révolte des Taï-Pings, le chiffre de ses exportations et de ses importations est tombé à 3 millions de francs par an. Sur ce total, en raison de l'insécurité des voies de communications, 20 p. 100 seulement des échanges avec l'extérieur se font par Nan-Ning-Fou et Pack-Hoï. Le reste passe, soit par Ou-Tchéou et Canton, soit par le Hou-Nan, le Yang-Tzé et Shanghaï. Il est possible qu'un jour les relations du Kouéi-Tchéou avec la mer reprennent un développement normal, et s'opèrent, comme jadis, surtout par Pé-Sé et le Quang-Si.

Enfin, une voie ferrée, dont la construction paraît également vraisemblable pour l'avenir, est celle qui relierait Nan-Ning-Fou à Koui-Lin et Heng-Tchéou, où passera bientôt la ligne américaine de Canton à Han-Kéou. Alors, le Tonkin serait relié à Pékin et à l'Europe par le rail ininterrompu.

Mais, nous le répétons, ce sont là des rêves dont la

réalisation est encore lointaine, et qui reste, en tout cas, subordonnée à la pacification complète du Quang-Si, de nécessité plus immédiate. Le meilleur moyen de hâter cette pacification, sans nous lancer dans des aventures dont on ne saurait prévoir la fin, est de procéder par parties successives dans la mise en valeur de la province. Le Grand Central Hanoï-Pékin trouve encore beaucoup d'incrédules. Par contre, si nous savons faire tache d'huile dans la renaissance économique du Quang-Si, en commençant par les régions du Sud, les plus voisines de notre frontière, les plus voisines de la côte, partant les plus accessibles, nul doute que l'œuvre ne réussisse. C'est pour cette raison de sagesse que nous avons esquissé un programme possible, non pas général, mais bien « d'intérêt local ».

Paris et Limoges. — Imp. milit. Henri CHARLES-LAVAUZELLE.

Librairie militaire Henri CHARLES-LAVAUZELLE

Paris et Limoges.

GUERRE DE 1870. — **La première armée de l'Est.** — Reconstitution exacte et détaillée de petits combats avec cartes et croquis, par le commandant breveté Xavier EUVRARD. — Volume grand in-8º de 268 pages....... 6 »

L'armée de Metz, 1870, par le colonel THOMAS. — Vol. in-8º de 252 pages, orné d'un portrait et de deux cartes.................................... 3 »

Le maréchal Bazaine pouvait-il, en 1870, sauver la France? par Ch. KUNTZ, major (H. S.), traduit par le colonel d'infanterie E. GIRARD. — Vol. in-8º de 248 p., avec une carte hors texte des envir. de Metz. 4 »

CAMPAGNE DE 1870-71. — **Le 13e corps dans les Ardennes et dans l'Aisne,** ses opérations et celles des corps allemands opposés. Etude faite par le capitaine breveté VAIMBOIS, de l'état-major de la 10e division d'infanterie. — Volume in-8º de 224 pages.............................. 3 50

La défense de Belfort, écrite sous le contrôle de M. le colonel Denfert-Rochereau, par MM. Edouard THIERS, capitaine du génie, et S. DE LA LAURENCIE, capitaine d'artillerie, anciens élèves de l'Ecole polytechnique, de la garnison de Belfort (5e édition). — Volume in-8º de 420 pages, avec trois cartes et plans en couleurs hors texte................................ 7 50

Histoire militaire de la France depuis les origines jusqu'en 1843, par Emile SIMOND, capitaine au 28e d'infanterie. — 2 vol. in-32 de 112 et 102 pages, brochés, l'un. » 50; reliés pleine toile gaufrée, l'un..... » 75

Histoire militaire de la France, de 1843 à 1871, par Emile SIMOND, capitaine au 28e de ligne. — 2 volumes in-32 de 96 et 104 pages, brochés, l'un. » 50; reliés pleine toile gaufrée................................ » 75

Crimée-Italie. — **Notes et correspondances de campagne du général de Wimpffen,** publiées par H. GALLI. *Ouvrage honoré d'une souscription du ministère de la guerre.* — Volume grand in-8º de 180 pages....... 5 »

Tableaux d'histoire à l'usage des sous-officiers candidats aux Ecoles militaires de Saint-Maixent, Saumur, Versailles et Vincennes, par Noël LACOLLE, lieutenant d'infanterie. — Volume in-18 de 144 pages. 2 50

Memento chronologique de l'histoire militaire de la France, par le capitaine Ch. ROMAGNY, professeur de tactique et d'histoire à l'Ecole militaire d'infanterie. — Volume in-18 de 316 pages.......................... 4 »

Précis historique des campagnes modernes. Ouvrage accompagné de 37 cartes du théâtre des opérations, à l'usage de MM. les candidats aux diverses écoles militaires (2e édition). — Vol. in-18 de 232 p., broché. 3 50

Sans armée (1870-1871), Souvenirs d'un capitaine, par le commandant KANAPPE. — Volume in-18 de 336 pages, broché.............................. 3 50

La charge de cavalerie de Somo-Sierra (Espagne), le 30 novembre 1808, par le lieutenant général POUZEREWSKY, traduit du russe par le capitaine Dimitry OZNOBICHINE, de l'état-major général de l'armée russe. — Brochure in-8º de 56 pages avec 2 croquis dans le texte............ 1 50

Carnet d'un officier. — **En colonne au Laos** (1887-1888). — Volume in-8º de 72 pages.. 2 »

GÉNÉRAL F***. — **Souvenirs d'un officier de l'armée belge à propos des militaires français internés à Anvers** pendant la guerre de 1870-71. — Brochure in-8º de 22 pages.. » 75

ETUDES DE TACTIQUE APPLIQUÉE. — **L'Attaque de Saint-Privat** (18 août 1870), par Pierre LEHAUTCOURT. — Volume in-8º de 112 pages, avec un croquis dans le texte.. 2 50

Général LAMIRAUX. — **Le siège de Saint-Sébastien en 1813,** avec un croquis dans le texte. — Brochure in-8º de 54 pages........................ 1 25

Danger du principe fondamental de Jomini, par le capitaine L. FARAUD. — Brochure in-8º de 22 pages.. » 60

www.ingramcontent.com/pod-product-compliance
Ingram Content Group UK Ltd.
Pitfield, Milton Keynes, MK11 3LW, UK
UKHW021531260726
13993UKWH00004B/1932